Les Allemands en Bourgogne, Impressions et Souvenirs

Charles Aubertin

1871

Édition : BoD · Books on Demand, 31 avenue Saint-Rémy, 57600 Forbach, bod@bod.fr
Impression : Libri Plureos GmbH, Friedensallee 273, 22763 Hamburg (Allemagne)
ISBN : 978-2-3225-4123-2
Dépôt légal : Mars 2025

LES ALLEMANDS

EN BOURGOGNE

La guerre est finie, c'est à l'histoire maintenant de la juger. Dans l'enquête, désormais ouverte, où la conscience publique fera son procès à la victoire, nul témoin, s'il est sincère, ne doit être récusé, et à ce titre qu'on me permette d'apporter à mon tour une page, un mot sur les choses que j'ai vues. Pendant quatre mois, j'ai vécu en Bourgogne au milieu de l'occupation ennemie, dans une ville prise, abandonnée et reprise par les Prussiens ; sous mes yeux a passé le flux et le reflux des belligérans : Badois de Werder, Silésiens de Manteuffel, Italiens de Bordone et de Garibaldi, francs-tireurs de Bombonel, Français de Cremer et de l'intrépide Bourbaki. De ce que j'ai aperçu, recueilli, entendu, il s'est formé dans mon esprit comme un groupe vivant de souvenirs, comme une scène parlante et animée que je voudrais peindre, sans aucun mélange de fantaisie ou de passion, et reproduire fidèlement pour ceux à qui ce spectacle a manqué. La plupart des Français, pendant cette guerre, ont connu les incertitudes et les angoisses d'un isolement qui rappelait les pires époques du moyen âge. Séquestrés chacun dans leur malheur personnel, dans le champ limité de leurs courageux efforts, occupés à se débattre au milieu des surprises et des périls de cette vaste mêlée, bien souvent ils ont ignoré ce que faisaient et souffraient, à quelques lieues de là, leurs compatriotes. Qu'on ne s'étonne donc pas de nous voir décrire un voyage et un séjour dans nos plus vieilles provinces, comme s'il s'agissait d'une excursion dans une contrée lointaine. Ce qu'il y a de plus intéressant et de plus nouveau aujourd'hui pour la France, c'est elle-même. Défigurée par les envahisseurs, n'offre-t-elle pas à ses propres enfans, dans cette situation navrante, un objet plus extraordinaire et plus étrange que le plus inconnu des pays étrangers ? == I. ==

Il y avait huit jours que les Allemands, maîtres de Dijon, se répandaient dans la Côte-d'Or, lorsque, parti du nord et traversant l'ouest et le centre, j'arrivai à Beaune et à Nuits au commencement de novembre, et me décidai à franchir l'extrême limite où s'arrêtaient de ce côté et devaient s'arrêter longtemps encore les progrès de l'invasion. Sur la route fort longue que je venais de parcourir, depuis Douai, Amiens et Rouen jusqu'aux avant-postes français de Chagny en Saône-et-Loire, au milieu de pays déjà entamés et frémissans sous la menace d'un entier ravage, plus d'un indice significatif avait frappé mes regards. Partout s'organisaient en silence des forces nouvelles et redoutables que l'ennemi feignait de ne pas voir, dont il niait avec affectation l'existence, qu'il n'a pas toujours connues en effet, et dont il a senti brusquement les coups quelques semaines plus tard. Dans le nord, l'armée future du général Faidherbe n'était encore qu'un solide noyau, agrandi chaque jour et fortifié par l'activité expérimentée du général Bourbaki. Dans l'est, le corps de Cambriels, replié sous Lyon et Besançon, y constituait, grâce à de rapides renforts, un pivot d'opérations ultérieures sur lequel a tourné, à la fin de décembre, la manœuvre hardie et mal exécutée qui a jeté 100,000 hommes de l'armée de la Loire sur la ligne de retraite de l'ennemi, a failli délivrer Belfort, et a fait trembler pendant quinze jours le grand-duché de Bade. Nos plus brillantes espérances étaient à l'ouest. Elles devaient nous flatter un instant par un beau succès, pour nous accabler ensuite de déceptions cruelles. L'armée du général d'Aurelle de Paladines, nombreuse, bien pourvue, formée de nos meilleurs débris, achevait de se concentrer, et prononçait sur Orléans un mouvement vigoureux et bien concerté qui a réussi.

Évidemment la guerre allait prendre une face nouvelle. On sortait enfin de l'état humiliant et désespéré où nous étions tombés après le désastre de Sedan, lorsque la puissance militaire de la France semblait évanouie, et que l'insolente promenade de l'ennemi rencontrait à peine, pour arrêter ses libres déprédations, quelques poignées de francs-tireurs, des mobiles sans discipline, des paysans soulevés, des gardes nationaux désarmés, c'est-à-dire les forces rudimentaires d'un peuple en enfance ou les dernières ressources d'un peuple expirant. Comme un homme renversé par un coup terrible et imprévu, notre pays, un moment étourdi sous le choc et noyé dans sa blessure, se relevait par degrés, et ramassait, pour continuer la lutte, un reste d'énergie. Des profondeurs de la France sortait un million d'hommes prêts à se jeter dans le gouffre béant, à fermer de leurs poitrines les énormes brèches faites à la patrie. L'intermède des guérillas était clos ; nous allions tenter de nouveau, avec une résolution qui par elle-même valait une victoire, les hasards décisifs et meurtriers de la grande guerre. De Lille à Tours, sur chaque point de ce vaste demi-cercle qui enserrait et déjà refoulait l'ennemi, tout respirait, non l'abattement et la ruine, mais l'ardeur des préparatifs et l'animation d'une campagne sérieuse.

À cette époque, l'armée presque seule voyageait. D'immenses convois emportaient dans une indescriptible mêlée des soldats de toute origine et de tout uniforme, et si l'agrément était médiocre de passer quarante-huit heures dans un wagon de 3ᵉ classe regorgeant d'hommes, d'équipemens et d'armes, plein de cris, de chants et de fumée, une fois qu'on avait pris son parti de l'aventure et qu'on s'accommodait aux circonstances, il y avait là pour un observateur et pour un patriote plus d'un dédommagement. Comme on le pense bien, la belle humeur, la verve guerrière abondait ; ni l'hiver, déjà sensible à ces braves gens si peu vêtus, ni la légende de nos désastres, ni la chute de Metz, rien n'avait amorti chez eux la pétulante vivacité de l'esprit français. Par ces fraîches matinées de novembre, leur gaîté alerte jetait ses notes bruyantes et ses refrains belliqueux le long du chemin rapide, à travers les plaines blanchies par le givre, au milieu des villageois manceaux et normands ; qui suivaient d'un œil étonné ces fuyantes et joyeuses apparitions de la patrie en armes. Tours, où je séjournai et où j'entendis crier en débarquant le décret sur la levée en masse, me fit voir un caravansérail civil et militaire. Les fantaisies les plus bizarres du costume ; les parures les plus originales du courage individuel affranchi de l'étiquette, les importances affairées, chamarrées, panachées ou débraillées, la colonie flottante et sans cesse renouvelée d'une capitale d'occasion, des milliers de têtes énergiques et fiévreuses en képi, en turban, en béret, en plumes de coq, s'agitaient, défilaient, s'étalaient, se heurtaient dans un va-et-vient perpétuel.

Entre cette France encore debout qui se redressait dans un patriotisme exalté, dans un suprême espoir pour une lutte à outrance, et cette autre partie de notre pays déjà saisie par l'étranger, morne et captive sous l'étreinte du plus fort, quel contraste ! Aussi n'était-ce pas sans un saisissement de curiosité douloureuse qu'arrivé au point de jonction des lignes du centre et de la ligne de Lyon, je franchis un matin, à l'aube du jour, le camp retranché de Chagny, muni de canons, étincelant d'armes, hérissé de barricades, retentissant des apprêts les plus énergiques de la défense, pour mettre le pied sur le sol à moitié envahi de la Bourgogne. En quel état allais-je retrouver ces villes aimables et libérales, cette Côte-d'Or si florissante, ces populations laborieuses que j'avais quittées dans l'éclat et la joie de leur prospérité, appliquées aux arts féconds de la paix, livrées aux plus nobles activités et aux plus légitimes entraînemens de la civilisation moderne ? Des routes désertes, des villages qu'on eût dits inhabités, des villes muettes et comme engourdies dans leur effroi prêtant l'oreille au galop lointain des coureurs ennemis lancés à l'avant-garde du pillage réquisitionnaire, par-dessus tout cela, le voile gris d'un ciel d'hiver couvrant la plaine vide et les vignes dépouillées, — tel est l'aspect qui me frappait à mesure que je m'engageais dans la contrée méridionale du département. Beaune et Nuits, qui se sont ranimées et réconfortées un peu plus tard, étaient alors sous l'impression toute vive de la prise de Dijon et dans la première terreur de l'abandon où l'armée de l'est les avait laissées. Figurez-vous un peuple de patiens qui attend l'heure du supplice.

L'Allemagne enfin m'apparut, à 6 kilomètres au sud de Dijon, sous la figure de deux dragons badois. Couverts de longs manteaux noirs, ils se tenaient en vedette, à cheval, aux deux côtés de la route, dans le fossé ; l'un avait l'œil sur la côte, épiant l'éclair suspect de la carabine des francs-tireurs, l'autre surveillait le chemin de fer silencieux et le canal immobile. 100 mètres plus loin, je rencontrai un poste commandé par un officier. Ce poste avancé, qui couvrait la ville et la banlieue, s'était établi dans un grand café flanqué d'un groupe de maisons isolées. Je reconnus ce lieu, rendez-vous autrefois très fréquenté des amateurs de pèlerinages gastronomiques ; je l'avais plus d'une fois remarqué quand j'habitais la Bourgogne. C'était un de ces édifices demi-manans, demi-bourgeois, où des artistes de village, désireux de s'illustrer, se sont livrés à des dépenses immodérées de peinture et d'architecture, — un de ces cabarets ambitieux qui aspirent à sortir de leur condition. Les fresques de la façade, traduisant les vers de Béranger, étalaient une apothéose de Napoléon le Grand. La pluie, la poussière du chemin, l'injure du temps, avaient singulièrement détrempé et brouillé ce badigeonnage historique admiré jadis des campagnards, et dont les restes exerçaient encore la sagacité du bivac allemand, — symbole expressif, trop véritable image de la légende napoléonienne en 1870. À 500 mètres de là, en pleine côte, au fond d'un bouquet de bois qui domine le joli village de Fixin, il y a un autre emblème plus robuste de l'ancienne popularité de Napoléon Ier ; c'est une statue en bronze, chef-d'œuvre de Rude, posée dans les jardins d'un vieux soldat de l'île d'Elbe. L'homme de Sainte-Hélène expirant est couché à terre, enveloppé de son manteau impérial ; sa figure, dont l'expression change avec le point de vue, est d'une remarquable beauté. Napoléon III en 1851 vint méditer là son fameux discours de Dijon et son coup d'état. — Il était huit heures du matin. L'officier, chaudement vêtu d'une vaste houppelande germanique et fumant une pipe longue de trois pieds, sortit du poste et me demanda mon sauf-conduit. J'avais un certificat français attestant ma qualité de professeur ; je l'exhibai, il s'en contenta, et je passai.

Je n'oublierai jamais l'apparence lugubre et désolée de la ville de Dijon, où j'arrivai une heure après. Presque tous les magasins étaient clos ; de rares passans cheminaient le long des maisons, et se hâtaient d'y rentrer. Un froid noir et brumeux remplissait les rues, et l'on ne voyait se mouvoir dans cette brume que des bandes de soldats qui promenaient lourdement leurs loisirs et contemplaient leur récente conquête. Un peu plus loin, on distinguait de longues files de voitures chargées de pain, d'avoine, et d'énormes quartiers de viande crue : des paysans les conduisaient sous escorte à l'état-major de la place, où l'on procédait à la concentration méthodique d'incessantes réquisitions. Aucun autre bruit un peu sensible ne s'élevait dans la ville ; tout était sourd, vague, effacé. L'oreille ne percevait que les frémissemens légers de rumeurs faibles et lointaines : on eût dit que la respiration de la cité était comme étouffée, et que la vie, diminuant par degrés, allait disparaître. Cette sensation de la solitude dans l'étendue habitée, cette impression de silence et d'immobilité sous les dehors du mouvement, dans le séjour du bruit, est d'une tristesse inexprimable. Appliquée à une ville immense, au deuil d'un grand peuple, Tacite l'a rendue avec sa concision éloquente par un de ces mots souvent cités, fort admirés, rarement compris : *dies per silentium vastus*. J'ai eu ce jour-là, dans la mesure réduite du spectacle qui s'offrait à mes yeux, un sentiment vif de l'expression de Tacite.

L'abattement dont j'étais témoin, et qui me gagna bientôt moi-même, n'était pas de l'effroi ; c'était de la douleur. Huit jours auparavant, Dijon avait résisté à l'ennemi avec un courage qui, mieux dirigé, eût été plus efficace et plus heureux. Là, comme partout, ce qui avait fait défaut, c'était la capacité dans les chefs, l'unité dans le commandement, la fermeté dans la conduite. Comme partout, la tête avait trahi le cœur. De braves citoyens étaient morts les armes à la main ; des officiers énergiques étaient tombés à l'avant-garde ; une poignée de fantassins du 71e et du 90e de ligne, quelques chasseurs à pied du 6e bataillon, un millier de soldats en tout sans artillerie contre 12,000 Allemands appuyés de 36 pièces de canon, avaient arrêté l'assaillant pendant une journée, et lui avaient tué ou blessé plus de 1,600 hommes. « Nos pertes ne sont pas légères, » a écrit plus tard dans son rapport le général de Beyer, qui commandait l'attaque. Dijon sut honorer son malheur par la dignité de son attitude. Cette ville de 40,000 âmes, forcée de subir un ennemi bientôt égal en nombre à sa population, le tint en respect par une réserve significative, en opposant à ses avances une froideur non démentie. Elle lui disputa tout ce qui lui pouvait être arraché, surveillant ses mouvemens, épiant ses embarras, prêtant l'oreille, malgré la police allemande, au bruit de nos lointains succès d'Orléans, de Coulmiers, de Champigny, et, dans la nuit profonde qui l'enveloppait, gardant au cœur l'espoir, non interdit alors, de la victoire et de la délivrance. Parmi les tristesses d'une occupation prolongée, il n'en est pas de plus amère sans contredit pour un peuple intelligent et fier que de se voir tout à coup séquestré du monde entier, plongé dans l'ignorance et dans l'impuissance, arraché à la lutte, exclu du spectacle des événemens où sa destinée se joue, réduit à consulter pour *moniteur* le bulletin affiché des victoires ennemies, à lire son sort écrit dans le style et par la main sanglante de l'étranger. Pendant deux mois entiers, novembre et décembre, ce fut notre situation.

Soyons justes cependant envers nos geôliers. Nombre de villes en ont connu de plus barbares encore, et peut-être ceux-ci n'ont-ils ni épuisé tous les sévices qu'ils tenaient en réserve, ni rempli leurs instructions. Dans l'avalanche d'Allemands qui s'est précipitée sur la France, il m'a semblé que les moins étrangers à la civilisation et à l'humanité, en un mot les moins Prussiens, c'étaient les Badois, qui formaient en Bourgogne la grande majorité du corps d'armée commandé par Werder. On peut nous en croire, nous sommes devenus experts en fait de procédés ennemis ; nous avons eu le temps d'apprécier les différences et de mesurer le degré d'arbitraire et d'injustice que comportent, suivant l'humeur du conquérant, les brutalités de la conquête. Qu'on m'entende bien. Tout est relatif ; je n'oublie ni les maisons brûlées au pétrole et le feu mis à la main dans les faubourgs pendant l'attaque pour effrayer la défense, — ni les contributions de guerre frappées sur la ville, — ni les campagnes affamées, rançonnées, pressurées, — ni les otages enlevés, — ni les razzias exécutées en plein jour, le sabre au poing, contre des citoyens paisibles : l'histoire jugera la méthode sauvage de certains généraux et les mesures atroces de certains états-majors. Je veux parler simplement de la masse des occupans, de ceux qui, instrumens passifs d'ordres absolus, ne sont responsables que du surcroît de violence personnelle qu'ils ajoutent aux prescriptions de leurs chefs et à la barbarie du commandement. Je me suis appliqué, dans mes observations, à distinguer l'esprit du peuple, c'est-à-dire du soldat abandonné à lui-même, agissant dans sa spontanéité, de l'esprit officiel qui conduisait la guerre et présidait à l'exécution impitoyable du plan de rapine et de conquête depuis longtemps organisé contre nous. Or voici ce qui m'a paru, et je ne crois pas que mes impressions, ainsi expliquées, provoquent un sérieux démenti.

Ces Badois, qui tenaient garnison à Dijon, étaient nos ennemis sans nous haïr. Aucun sentiment bien vif de rancune, de vengeance ou d'ambition ne les excitait contre la France ; ils obéissaient à une consigne, nullement à une passion, encore moins à une idée. L'image de la grande Allemagne unie sous un sceptre prussien ne les obsédait pas, et, si elle leur venait à l'esprit, elle était loin de les transporter et de les séduire. La gloire du nouveau césar n'avait rien d'éblouissant pour eux ; celle dont on les flattait personnellement ne semblait pas les enfler d'orgueil. Quand ils allaient se battre, ils appelaient cela « travailler ; » c'était une tâche, ils s'en acquittaient en conscience, mais sans enthousiasme. J'oserais dire que chez quelques-uns, chez la plupart peut-être, le regret s'ajoutait à l'indifférence. En général, l'officier se montrait convenable envers l'habitant, pourvu surtout qu'on lui cédât la plus belle chambre de la maison, qu'il avait soin de réclamer ; le soldat au repos, s'il n'avait pas trop bu, était inoffensif. J'ai rarement entendu parler de conflits engagés entre les bourgeois et les Allemands, de vols graves commis, d'injures faites aux personnes ; j'ai eu quelquefois l'occasion de voir, lorsqu'une plainte arrivait, l'officier qui en était saisi se lever, boucler son ceinturon, prendre sa casquette, et, conduit par le plaignant ou la plaignante, infliger au coupable une punition militaire doublée d'un vigoureux soufflet.

Les Allemands, esprits méthodiques, très profonds dans l'art de vivre sur le sol d'autrui, avaient ingénieusement réparti les charges entre la ville et la campagne. La campagne, réquisitionnée, fournissait les vivres ; la ville était chargée de les faire cuire. Le citadin devait au soldat le logement, le bois, l'éclairage, les ustensiles de cuisine ; le paysan, lui, mettait la poule au pot. Ainsi réglées, les choses allaient leur train. De temps en temps, on cumulait les charges et on portait double fardeau ; c'étaient les jours fériés de l'occupant. Chaque maison, selon son importance, logeait de cinq à cinquante soldats, et veuillez réfléchir combien ces petites habitations de la province ressemblent peu aux casernes civiles qu'on appelle des maisons à Paris ! Sur la porte d'entrée, on lisait, marqué à la craie, le nombre des soldats logés avec le numéro du régiment et de la compagnie. Presque toutes les maisons, la nuit, étaient gardées par un factionnaire. Au mois de janvier, j'ai vu les turcos de l'armée de Bourbaki se garder de la sorte, bien qu'ils fussent en pays ami. Souvent, dans les longues soirées d'hiver, lorsque la neige forçait la guerre à chômer, les Badois, assis au foyer français et touchés du regret de leur foyer allemand, laissaient parler en eux la nature ; ils devenaient alors expansifs, débonnaires, gens d'humeur pacifique, pleins de souvenirs attendrissans : le soldat avait disparu, l'homme seul restait, toujours un peu grossier, mais sans malice, et bien plus disposé à prendre la main de son semblable qu'à lui tirer des coups de fusil. Les sentimens comprimés, mais non détruits par la discipline, s'enhardissaient alors jusqu'à se découvrir ; le fond de l'âme paraissait. Je résumerai tout en ces deux mots fidèles : pour les Badois, le Français était l'ennemi de circonstance ; l'ennemi de cœur, c'était le Prussien. Les officiers des deux nations s'évitaient, et les soldats ne se cherchaient guère. Détrompez-vous, si vous pensez qu'ils bénissaient la guerre et l'insatiable politique qui s'obstinait à l'éterniser. Je n'aurais pas conseillé au quartier-général de Versailles de les consulter au moyen d'un plébiscite, de mettre aux voix la question de la paix : ah ! comme ils seraient partis, ceux-là, d'un pied léger, et sans nous rien prendre !

J'ai lu pendant la guerre certaines descriptions où l'on nous représentait les soldats allemands hâves, exténués, délabrés, cassés de vieillesse, ou frêles comme des enfans : les peindre sous ces traits, c'est prouver qu'on ne les a jamais bien vus. Singulier moyen pour se préparer à vaincre un ennemi, que de commencer par en faire une caricature qui ne dupe que nous-mêmes ! Les troupes allemandes, robustes et bien nourries, ont des qualités d'apparence et de solidité qu'il serait puéril de contester. Leur équipement peut nous servir de modèle. Ce n'est pas le Prussien ou le

Badois qui s'en irait en guerre, par douze degrés de froid et trois pieds de neige, avec un pantalon de toile, une vareuse transparente et des souliers à semelles de liège ! Tout le monde a pu voir leurs vastes houppelandes en fort drap, leurs tuniques larges, leurs bottes épaisses, sans parler des pièces nombreuses qui complètent le harnachement militaire : la main d'une administration vigilante a évidemment passé par là. Cela crie bien haut qu'on ne laisserait pas fleurir et s'acclimater chez eux ces systèmes de fournitures qui consistent à fournir le moins possible et à se tailler d'amples bénéfices dans les habits étriqués et l'équipement douteux du soldat. En Allemagne, l'administration semble inventée pour le plus grand bien de l'homme de troupe ; il est des pays où l'homme de troupe semble n'exister que pour la prospérité, non de l'administration, mais des fournisseurs qu'elle choisit. Je causais, il y a deux mois, avec un capitaine de turcos qui s'était battu sur la Loire, et qui traversait Dijon pour aller à Villersexel et à Héricourt. « Monsieur, me disait-il, vous n'imagineriez jamais l'étonnante quantité de chemises de flanelle, de gilets de santé et de paires de bas superposés qui couvrent en hiver un soldat prussien. J'ai fait déshabiller des prisonniers, j'ai vu dépouiller et ensevelir des morts ; chacun d'eux avec sa défroque aurait pu monter un magasin. » Le facétieux capitaine, qui commandait dans la neige des soldats presque nus, exagérait sans doute un peu ; il n'en est pas moins vrai que l'Allemand, déjà si bien soigné, si largement pourvu, trouve encore en lui-même un excellent intendant du bien-être de sa personne.

Je m'arrêtais souvent à considérer, non sans un mouvement de jalousie nationale, la parfaite discipline de leurs troupes, la déférence et le respect absolu du soldat pour son chef de tout grade, son obéissance exacte et prompte, non discutée ; mais, je l'avoue, le sentiment de crainte et d'humilité trop visible qui s'emparait de l'inférieur en présence du supérieur était loin de plaire à tout le monde autour de moi, et n'enlevait pas d'unanimes suffrages. Il est certain qu'il y a dans le commandement de l'officier allemand, ou plutôt dans sa façon hautaine et cassante envers le soldat, des brutalités anti-françaises. Cet anéantissement du subalterne, l'inflexible orgueil d'une hiérarchie féodale, le mépris de l'impérissable dignité de l'homme, blessent à bon droit notre fierté innée et nos principes modernes. Ce serait pourtant la marque d'un bien pauvre jugement et d'une triste frivolité que de s'armer de l'abus d'institutions excellentes pour s'en moquer et les proscrire. Les hommes vulgaires, si prépondérans en France, ne voient dans l'obéissance passive du soldat sous les armes qu'un acte machinal, presque dégradant, une question de tenue extérieure, un moyen grossier d'ordre matériel ; ils n'en saisissent pas le sens profond et le noble principe. La discipline militaire est l'expression et comme la figure vivante de l'esprit de sacrifice, d'immolation au devoir et à la patrie, qu'on peut appeler l'âme héroïque des armées. La science du métier n'y suffit pas ; l'ordre extérieur qui en résulte est le moindre de ses effets. De là vient qu'elle est une condition essentielle et presque une certitude d'invincibilité pour les troupes dont l'énergie docile sait se plier à ses lois. Si douce que soit l'habitude de tourner en ridicule les petits côtés des grandes choses, et d'échapper par une facile critique au déplaisir d'approuver et à la peine de se corriger, en sauvant ainsi à la fois l'amour-propre et la paresse, il y a une réflexion qui doit nous avertir, un fait certain qui suffit à nous ouvrir les yeux : le soldat qui obéit le mieux chez lui est celui qui a le plus de chances de commander en pays étranger. C'est là pourtant, on en conviendra, une assez belle compensation.

Les Allemands, comme un peu plus tard les garibaldiens que j'ai vus, témoignaient d'un goût très prononcé pour la capitale de la Bourgogne. Ce séjour leur plaisait, et plus d'un ne demandait qu'à s'endormir dans un campement si doux. Impossible d'entrer dans un hôtel, à certaines heures, sans y entendre éclater les détonations des bouteilles de Champagne. Ils faisaient au noble vin de Bourgogne l'injure de lui préférer, comme disent les poètes, *de l'Aï mousseux la liqueur pétillante.* Celle-ci coulait à flots ; « une bouteille par tête, c'est la moyenne, » me disait un hôtelier. Il m'est arrivé de traverser plus d'une fois la salle d'un café où se réunissaient les officiers badois, au nombre de cinquante à soixante. Inutile de dire que pas un soldat ni un sous-officier ne se hasardait à franchir le seuil, excepté pour apporter une dépêche ou pour chercher un ordre. Figurez-vous un salon où il serait permis de fumer le cigare en buvant force bière : voilà d'un mot le coup d'œil de l'assemblée. Nul éclat de voix, nul geste un peu vif ; pas de ces interpellations brusques qui volent de table en table, excitent les causeries, allument la gaité. Un ton moyen de conversation tranquille, sans notes suraiguës, se soutenait jusqu'à la fin avec une sorte de gravité animée. C'était de la gaîté classique et selon les règles, de l'entrain mesuré, un sérieux qui se déride et s'éclaircit. Quelques allées et venues, de rares échanges de propos ou de politesses, reliaient à peine les groupes distincts et séparés. Chacun demeurait parmi les siens, et, pour ainsi dire, assis à son foyer ; rien n'y ressemblait à une mêlée, à une fusion : il y avait simple voisinage, et comme une confédération germanique de buveurs attablés. Le survenant reconnaissait dès la porte ses amis et ses pairs ; il s'approchait correctement, et prenait place après force saluts et complimens, ainsi qu'il se pratique entre gens bien appris, mais un peu guindés. Le départ était aussi cérémonieux que l'arrivée. Entrait-il un chef d'un grade élevé, vous eussiez vu l'assemblée, comme poussée par un ressort, se mettre sur pied, et se tenir dans un respect silencieux jusqu'au moment où le personnage, en s'asseyant lui-même, faisait signe à tout le monde de l'imiter. Ces officiers, d'une mise sévère et irréprochable, rasés de frais, avec de longs favoris, ayant l'air *gentleman* et non l'air cavalier, figuraient à nos yeux des hommes du monde en habits militaires bien plus que de vrais hommes de guerre par état et par vocation. Si braves qu'ils soient, il ne saurait venir à l'esprit de leur appliquer, en les voyant, cette expression familière qui chez nous va bien, même au général, quand il la mérite : « voilà un rude soldat ! » Les jours s'écoulaient, et l'occupation allemande, pareille aux mauvais gouvernemens, loin de se consolider, s'affaiblissait par sa durée. La défense, un instant languissante, avait pris l'offensive. Une nuée d'assaillans invisibles infestait les routes, harcelait les convois, menaçait de couper à l'ennemi sa ligne de retraite. Les expéditions qui sortaient de la ville, semblables aux sorties d'une troupe assiégée, rentraient avec des succès très légers et des pertes très graves. Les crêtes boisées dont ce département montagneux est hérissé pétillaient d'une fusillade incessante ; tous les jours, on entendait le canon gronder. Garibaldi, vainqueur des Allemands à Autun, lançait des éclaireurs jusqu'en vue de Dijon. Le général Cremer, avec une division avancée de l'armée de l'est, campait à Beaune, à Nuits, à Gevrey. Les envahisseurs, envahis à leur tour, se tenaient sur un perpétuel qui-vive, et je me souviens encore de ces prises d'armes subites qui, nuit et jour, mettaient la ville en émoi. Je vois encore, sur une nouvelle apportée à fond de train par des estafettes dont le galop sonore ébranlait les rues désertes, un mot d'ordre courir de porte en porte à dix heures du soir, réveiller les soldats endormis, puis, en moins d'une demi-heure, la garnison entière, infanterie, cavalerie, artillerie, rouler avec ses caissons et ses équipages à travers la ville obscure par un ciel pluvieux, et aller camper sur une route stratégique tracée par elle, pour éviter le péril d'une insurrection populaire combinée avec un coup de main du dehors, qui semblait imminent. Comme tous les pouvoirs qui se sentent malades, l'ennemi prenait de l'humeur. Devenu ombrageux et colère, il molestait l'habitant, il emprisonnait les curieux inoffensifs, il interdisait la circulation passé neuf heures : le Badois aigri tournait au Prussien.

C'est dans ces circonstances qu'eut lieu, le 18 décembre, l'affaire de Nuits, diversement racontée par les journaux du temps. Résolu de sonder une situation que chaque jour empirait, le général Werder dirigea sur trois colonnes contre la division Cremer un mouvement offensif et convergent, qu'il appelle dans son rapport « une forte reconnaissance. » Il y engagea près de 15,000 hommes. Les Français en comptaient 8 ou 9,000 au plus. La vérité est que ce ne fut pour personne un franc succès. Un bataillon de mobiles lâcha pied ; nous perdîmes 500 prisonniers, qui ne tardèrent pas, dit-on, à s'échapper. Le reste de la division française tint ferme ; l'artillerie, habilement manœuvrée, écrasa l'ennemi. Une charge à la baïonnette, exécutée dans un faubourg de la ville, fut un des incidens heureux et brillans de la bataille. On cite aussi 150 francs-tireurs qui, barricadés dans une ferme voisine, tuèrent 600 Badois. Il fallut deux régimens et quatre pièces de canon pour les réduire. C'est là que fut blessé grièvement le prince Guillaume de Bade. Les Français évacuèrent Nuits, mais les Allemands n'y restèrent pas. Des deux côtés, après le choc, on se replia. Nous avions perdu en tués et blessés environ 3,000 hommes : la perte de l'ennemi était double. J'ai vu revenir à Dijon les troupes allemandes dont les bulletins chantaient victoire ; ces prétendus vainqueurs étaient consternés. Dans toutes les maisons où logeaient les soldats, il manquait des hommes à l'appel. Les survivans rapportaient du champ de bataille une impression terrible. Par des gestes expressifs, ils essayaient de peindre à nos yeux le sang versé à flots et les cadavres amoncelés dans leurs rangs. Les rares officiers qui parurent à leur café le soir étaient mornes et silencieux. Pour soutenir leurs soldats qui pliaient, ils avaient dû payer énergiquement de leur personne ; le feu des Français embusqués sur les hauteurs qui dominent la ville les avait décimés. Il n'y a jamais eu de victoire aussi lugubre et d'un aspect aussi peu triomphant. Personne ne s'y trompa ; l'occupation prusso-badoise en Bourgogne se sentait frappée à mort ; ses jours étaient comptés.

Le 27 décembre, à neuf heures du matin, il n'y avait plus dans la ville un seul ennemi. On apercevait à 2 kilomètres les dernières colonnes, qui s'éloignaient dans la direction de l'est. Dijon, en s'éveillant, se retrouvait libre et redevenait français. C'était le premier résultat du mouvement. stratégique de Bourbaki. Werder, informé à temps, se dérobant au péril certain d'être enveloppé et pris, franchit la Saône, grâce à une avance de trente-six heures au plus, évacua rapidement Gray, Vesoul, Villersexel, et ne s'arrêta, comme on sait, qu'à Héricourt.

Pour nous, à qui l'avenir échappait, tout entiers au présent et à la délivrance, la scène allait brusquement changer. Tenue au secret depuis deux mois par 30,000 Allemands, la ville allait retentir pendant plusieurs semaines du défilé de 100,000 Français et Italiens. La jeune armée de la république allait déployer sous nos yeux ses uniformes bigarrés, son ardeur patriotique, ses bataillons variés et nombreux, son inexpérience en partie couverte et rachetée par sa valeur. On rentrait dans la vie, dans la noble activité du patriotisme, et, nous le pensions du moins, dans la joie durable de légitimes espérances.

II.II.

D'heure en heure, les présages favorables se multipliaient. Les inquiétudes, qui, après la secousse de ce bonheur inattendu, restaient au fond de notre émotion, allaient en se dissipant. Rien de ce qui annonçait la patrie recouvrée et le territoire affranchi ne nous trouvait indifférens. Les moindres objets, les plus vulgaires, dès qu'ils reparaissaient après une longue absence, transformés par nos sentimens intimes et, si je puis dire, par le ciel nouveau qui brillait sur nos têtes, avaient le don de nous intéresser et de nous plaire. Il n'était pas jusqu'à la vue des campagnards accourant en famille sur leurs charrettes, où des lourdes pataches et des omnibus rustiques venus des arrondissemens voisins, qui ne fût agréable au regard, comme un indice de renaissance et de facile circulation. Ils étaient à leur manière des courriers de bonnes nouvelles, des messagers de victoire, des hirondelles de liberté. — Vers midi, le clairon se fit entendre ; il précédait les francs-tireurs.

L'agile garnison de la montagne avait aperçu, du milieu de ses fourrés, le départ précipité et la longue traînée de l'émigration badoise couvrant les routes de l'est. Aussitôt ces guetteurs infatigables, nuit et jour à l'affût des défaillances de l'ennemi, ces loups de la forêt, nourris de frimas, guidés par l'instinct d'une haine infaillible, tous ces rusés et ces intrépides qui avaient semé de cadavres allemands les défilés de la Bourgogne et rougi du sang de l'envahisseur les neiges de décembre, descendirent en foule des hauteurs voisines, et vinrent, pour quelques heures du moins, se ravitailler et se réconforter dans la ville. Ils accouraient de tous les points de l'horizon, de tous les bois du département : ours de Nantes et des Pyrénées, chasseurs de l'Isère, de la Drôme et de l'Ardèche, tirailleurs républicains, volontaires du Rhône et de l'Allier, éclaireurs marseillais, fédérés de la mort, les contrastes les plus frappans du costume, de l'âge, de la taille, du pays, du drapeau, de l'opinion, s'y trouvaient représentés. Le colonel Bombonel, par son ascendant accepté bien plus que par son titre, maintenait un certain ordre et une apparence d'unité dans ces bataillons disparates, dans cet ensemble plein de vie, mais incohérent. Ils se succédaient du matin au soir sur la place semi-circulaire qui fait face au vieux Palais-des-Ducs : notre curiosité sympathique les y passait en revue. La campagne d'hiver les avait moins éprouvés qu'on ne pouvait le craindre. Ce qui dominait au contraire dans ce mouvant panorama militaire étalé sous nos yeux, c'était la vigueur, la santé, la bonne mine. Tout respirait l'ardeur et la résolution sur ces visages hâlés par le bivac et fouettés par la bise. Bien armés, suffisamment équipés, beaux à voir sous les armes avec leur tournure martiale, avec leur vive et alerte façon de manier la luisante carabine, ils avaient déjà quelque chose de l'aplomb des vieilles bandes. Quels magnifiques élémens d'infanterie légère la France possédait là ! L'instinct profond de la Prusse ne s'y est pas trompé, et les ressentimens dont elle a poursuivi les francs-tireurs nous doivent être un avertissement. Dans cette rancune de l'ennemi, voyons tout ensemble une colère contre le passé et une crainte pour l'avenir. On a compris qu'il y avait là une force d'une supériorité toute française, inimitable à la Prusse, et qui, développée avec soin, organisée avec intelligence, pourrait nous fournir une première compensation à nos récens désavantages. L'Allemand, né fantassin et « lignard, » excellent tireur, est un détestable franc-tireur. La vie d'aventures et de privations lui répugne. Lourd, méthodique et gastronome, il faut qu'il trouve le comfortable dans la guerre pour y déployer tous ses moyens. L'Allemand, c'est le type réussi et perfectionné du sédentaire.

Le repos des francs-tireurs à Dijon n'était qu'une halte. À peine avaient-ils respiré dans la ville un air plus doux, que Bombonel les lançait dans l'est comme enfans-perdus de Bourbaki. — Moins de quarante-huit heures après le départ de Werder, le général Cremer faisait son entrée avec 12,000 hommes d'infanterie et 42 pièces de canon. Notre impression fut médiocre. Il y avait là de l'infanterie régulière trop jeune, des mobiles trop turbulens, et des mobilisés sans enthousiasme. Le commandement, surtout dans les grades inférieurs, était verbeux et dépourvu d'autorité. L'incohérence, l'oubli des ordres, la lenteur et la maladresse à les exécuter, se trahissaient dans les moindres détails. Mille ressorts secondaires de la vaste machine jouaient mal, ou ne jouaient pas du tout. J'en conçus dès lors un fâcheux augure, et les discours que j'entendais tenir le soir aux soldats n'étaient pas faits pour dissiper mes craintes. L'armement était bon, l'artillerie en parfait état ; mais quelle armée court-vêtue ! Quand le pâle soleil de Noël s'éclipsait, quand la bise, sifflant dans le ciel noir, durcissait la neige amoncelée, on avait le cœur serré en voyant ces pauvres gens grelotter sous leurs minces vareuses et dans leurs pantalons d'été ! Quelques-uns, les plus riches, portaient des couvertures sur leur sac ou des capuchons rabattus sur leur tête ; j'aperçus même des houppelandes garnies de fourrures. Le plus grand nombre, ouvriers et paysans de la veille, s'enveloppaient la tête ou les mains de leurs gros mouchoirs rouges ou bleus, et piétinaient la neige en guêtres grises jusqu'au moment du défilé. Que de fois, pendant la terrible première quinzaine de janvier, ce douloureux spectacle ne s'est-il pas renouvelé sous nos yeux ! Que de fois j'ai rencontré nos jeunes soldats, à toute heure du jour ou de la nuit, dans les rues de la ville, les uns revenant de la distribution avec un quartier de pain gelé au bout de leur baïonnette, les autres, fraîchement débarqués, sans billet de logement, arrêtant les passans à dix heures du soir, et réduits à leur dire : « Monsieur, voulez-vous nous loger ? Nous ne demandons

pas de lit ; un endroit clos, avec de la paille, nous suffira. »
Par un froid de 12 degrés, il nous arrive un beau matin trois
bataillons de turcos. Vêtus à la mode africaine, pour une
température de Tlemcen ou de Mascara, sans bas, le col nu,
la plupart sans chemise ou n'en possédant qu'une qu'ils
portaient depuis un trimestre, ces hommes de fer, secoués
de rhumes violens, toussaient à fendre l'âme. Ils prirent
d'assaut, mais l'argent à la main, la boutique d'un
pharmacien. Dijon, bien qu'épuisé par le séjour des
Allemands, trouva, dans son patriotisme de suprêmes
ressources. Les plus pauvres habitans partageaient leur
repas avec les soldats, les riches en nourrissaient de dix à
quinze par jour : on lavait leur linge, on garnissait leur sac.
Enfin chacun, selon ses moyens et son inspiration,
s'employait à les réchauffer et à les ravitailler.

Gardons-nous ici de ce penchant à l'exagération, si
naturel à l'esprit français, surtout au lendemain d'un revers,
et quand la passion politique vient s'en mêler. Tout n'était
pas défectueux dans le vaste effort qui improvisa en hiver
600,000 soldats ; à côté des misères que je n'ai pas
dissimulées, il se dégageait de cet ensemble si compliqué
des motifs d'espoir et des élémens de vigueur qu'il faut
reconnaître et constater. Malgré les privations, le moral
n'était pas atteint sérieusement. En tenant compte des
défaillances partielles, il y avait dans la masse un sentiment
réfléchi du devoir, un amour raisonné du pays qui,
suppléant en une certaine mesure à l'imperfection de la
discipline et à la faiblesse du commandement, donnait à

l'armée nouvelle un degré de consistance déjà sensible, et qui, sur plus d'un point, lui a permis d'ébaucher la victoire. N'est-ce rien que cette expérience tentée dans d'aussi tristes conditions sur l'énergie de la nation ? Parmi les troupes qui ont succédé à la division Cremer, nous avons pu voir des bataillons de mobilisés, — ceux du Jura par exemple, — dont la tournure martiale et la robuste apparence offraient un coup d'œil consolant. Formés d'hommes vigoureux et de haute taille, solidement équipés, on eût trouvé difficilement dans leurs rangs quelques soldats chétifs et de petite mine. La qualité physique des troupes y était bien supérieure à notre infanterie de ligne, même régulièrement constituée.

Vers le 10 janvier, les dernières troupes de l'armée de l'est avaient quitté Dijon. On attendait l'armée des Vosges. — Forte d'environ 30,000 hommes, elle venait avec son chef occuper la ville et s'y établir pour défendre la ligne de Lyon contre les entreprises des troupes prussiennes qui, détachées du centre, filaient par Auxerre, Avallon, Montbard, Châtillon, et couraient au secours de Werder. Nous étions impatiens de voir Garibaldi. Bien qu'un peu blasés sur le pittoresque et la couleur, « les chemises rouges, » poétisées depuis vingt ans par les journaux, avaient conservé à nos yeux le prestige de la nouveauté. Ma curiosité, vivement excitée, subit pour commencer un court désenchantement. C'est l'ordinaire éclipse de l'idéal dans sa première rencontre avec la réalité. Je m'étais toujours représenté le garibaldien comme un type de la force inculte et négligée ; je me figurais que j'allais voir des visages balafrés, cicatrisés, noircis par la poudre et par l'inclémence du ciel, quelque chose de sauvage et de hérissé, sentant la guerre d'embuscade et l'existence aventurière ; je m'apprêtais à saluer des loques héroïques, ou tout au moins des habits rouges par la victoire « usés. »

Quelle ne fut pas ma surprise quand je me trouvai face à face avec le superbe état-major des légions garibaldiennes ! Frais et roses, le teint légèrement enluminé, la moustache cirée et lustrée, les officiers garibaldiens portaient avec majesté des manteaux d'écarlate d'une rare finesse et d'un éclat immaculé. La pourpre d'un cardinal n'a pas de plus purs reflets. Un pantalon gris bordé de rouge et les bandes grises du manteau complétaient le costume. Un bonnet rouge à large galon d'or, avec une courte aigrette, était posé élégamment sur les boucles de leurs cheveux noirs. À cet aspect, devant le groupe imprévu, les conversations cessèrent ; l'éclair d'une même pensée jaillit de tous les yeux : ce luxe italien se fourvoyait dans notre dénûment français. Je ne sais si les garibaldiens le comprirent ; mais à leur contenance pénible il était évident que leur succès les gênait. Heureusement les Prussiens leur fournirent une prompte occasion de rentrer en grâce auprès de l'armée française, et de se faire pardonner la richesse intempestive de leurs uniformes. Je veux parler de l'attaque tentée contre Dijon les 21, 22 et 23 janvier.

Voilà encore un de ces événemens militaires à double face où, selon le point de vue, les uns aperçoivent un succès et les autres découvrent un échec. C'est comme la bataille de Toulouse, que le maréchal Soult perdit et gagna pendant quarante ans dans les journaux. J'exprimerai, si l'on veut bien, mon avis, très incompétent, mais sincère. D'abord nous fûmes surpris ; c'est la règle. Les Prussiens, enlevant les postes de francs-tireurs disséminés dans les gorges boisées où coule le petit ruisseau du Suzon, débouchèrent tout à coup vers midi, à une portée de chassepot, des villages fortifiés de Fontaine et de Talant, qui dominent la ville. Ces hauteurs, garnies d'artillerie, les arrêtèrent. Pendant ce temps-là, les clairons sonnaient à tous les coins de rue, et la garnison, rassemblée à la hâte, accourait. L'action s'engagea vivement. Il y eut de part et d'autre beaucoup de morts et de blessés. Indécise le premier jour, la bataille recommença le lendemain, et l'on croyait l'ennemi en retraite lorsque, reparaissant pour la troisième fois et évoluant du nord à l'est, il vint tâter la position sur un point plus faible. C'est là qu'on lui prit un drapeau que j'ai vu porter triomphalement dans la ville. Dans toutes ces rencontres, les légions garibaldiennes se battirent avec intrépidité, et nos mobilisés les imitèrent. Garibaldi en personne dirigeait tout. Assis sur une chaise, — ses infirmités ne lui permettant pas de monter à cheval, — il gouvernait la bataille du haut du plateau de Talant, que balayait le canon ennemi. Un boulet faillit emporter sa voiture. Plusieurs fois il reforma ses troupes sous le feu et donna l'exemple de ce mépris des balles qui, dans un chef, électrise le soldat. Tel est l'aspect des choses et leur noble apparence ; mais ici se pose une question. L'attaque des Prussiens n'était-elle pas une feinte, une démonstration ayant pour but de masquer un mouvement plus important ? Dès le second jour, cette idée me traversa l'esprit. Dans la conduite de l'affaire, je ne reconnaissais pas l'ordinaire prudence de l'ennemi. Inférieur en nombre et en artillerie, — il n'avait guère que douze pièces de canon, — comment s'opiniâtrait-il contre une position si bien gardée ? On sait d'ailleurs que pendant ces trois jours le général de Manteuffel était à Fontaine-Française, et que son corps d'armée exécutait des marches forcées par des chemins de traverse dans la direction de Dôle pour couper la ligne de Besançon et cerner Bourbaki. Garibaldi a-t-il donc été joué ? J'incline à croire que ses instructions se bornaient à la défense de Dijon, et il les a remplies. L'état des forces dont il disposait ne lui permettait point une expédition importante en rase campagne ; il eût fallu un second corps d'armée pour arrêter Manteuffel, et le succès de l'ennemi doit être, ce me semble, imputé beaucoup plus au vice de la situation qu'aux erreurs accidentelles de certains hommes. Ajoutons que l'affaire de Dijon, sans être poussée à fond, ne laissa pas que d'être chaude ; dans mon opinion, l'ennemi poursuivait un double résultat : prendre la ville et détourner par cette attaque l'attention des stratégistes français. Des deux avantages qu'il espérait, il en est un qui lui a manqué.

Dijon, fort ému pendant ces trois jours et en grand danger d'être pillé, si l'ennemi eût réussi, acclama Garibaldi comme un sauveur. Je vis, peu de jours après, le général au moment où, descendant le perron de l'hôtel de la préfecture, il gagnait sa voiture pour aller passer la revue de ses troupes. Il marchait péniblement, et tous ses gestes étaient difficiles. Sa figure fatiguée accusait une souffrance intérieure. L'effectif des légions garibaldiennes en garnison à Dijon équivalait à une division d'infanterie française. Notons un point qui a son importance : sur 100 « chemises rouges, » on comptait 75 Français, soit engagés volontaires, soit soldats incorporés par ordre du gouvernement. L'élément italien ne dominait que dans les hauts grades. L'uniforme était la vareuse ou chemise écarlate, le képi de même couleur et le pantalon à volonté, ordinairement gris. Une foule d'estafettes et d'éclaireurs à cheval tenait lieu de cavalerie. La discipline des légions était celle d'une armée régulière ; l'obéissance y présentait ces deux caractères essentiels : la promptitude silencieuse et le respect. L'ascendant prodigieux de Garibaldi communiquait de l'autorité aux moindres chefs, et se faisait sentir à tous les degrés du commandement. En vrai soldat, Garibaldi attachait un haut prix à la bonne renommée de ses troupes, et, pour l'assurer, il ne négligeait aucun détail. En voici une preuve que le hasard m'a fait connaître. Depuis que la ville était rentrée au pouvoir des troupes françaises, nos soldats allaient, venaient, entraient partout sans quitter leur fusil, qui était fort souvent chargé. De là des détonations intempestives et des accidens. Saisi d'une plainte, Garibaldi interdit le port des armes en dehors des exercices, et le soir même du jour où avait paru la défense, ses aides-de-camp parcouraient les établissemens publics pour veiller à la stricte exécution des ordres du général.

Nous en étions là en Bourgogne, vivant dans une sécurité conquise par la valeur de notre garnison, lorsque la nouvelle de l'armistice tomba au milieu des espérances excessives qu'une victoire, très importante pour la ville, mais sans résultat pour la France, avait excitées. Quel désappointement et que de colères dans les légions ! Mais l'heure était venue où le dénoûment fatal, si longtemps suspendu, et qui avait pu sembler conjuré par l'effort d'une volonté héroïque, devait se précipiter avec une puissance irrésistible. Le 31 janvier, l'armée des Vosges, menacée d'être coupée sur la Saône, quittait Dijon à la hâte avec son artillerie et ses bagages ; le lendemain matin 1er février, la malheureuse ville, occupée par l'avant-garde de Manteuffel, voyait reparaître sur ses places et rentrer dans ses foyers le tenace ennemi dont elle se croyait à jamais délivrée. Je serai bref sur cette seconde occupation, qui d'ailleurs n'a pris fin qu'après mon départ. Il me suffira d'en marquer d'un trait le caractère. Malgré l'armistice, dont nous étions exceptés, il est vrai, malgré le sentiment général d'une paix prochaine et la détente des esprits, cette invasion, non plus badoise, mais très prussienne, fut plus insolente et plus dure que la première. Elle commença par un essai de pillage. Le premier régiment qui entra dans la ville était celui qui avait perdu son drapeau le 23 janvier ; sans doute, en prévision d'une résistance nouvelle, des promesses avaient été faites aux soldats, et, le départ de Garibaldi ayant supprimé la lutte, il leur en coûtait de renoncer au butin espéré. On avait ordonné aux habitans de leur servir à déjeuner ; nos hôtes firent ce qu'ils purent pour emporter le couvert. Malheur à l'argent trop visible, aux tables bien garnies et aux tiroirs mal fermés ! Pénétrant en bande chez les marchands pendant que quelques-uns discutaient les prix, la troupe faisait main basse sur les objets et dévalisait le magasin. Heureusement ils partirent ce même jour, laissant l'œuvre ébauchée : le temps avait fait défaut ; ils n'avaient pu qu'effleurer du bout des doigts le bien d'autrui. Les régimens qui suivirent se montrèrent plus retenus, la propriété fut respectée des soldats ; en revanche, leurs généraux l'attaquèrent. Quand je partis, le 15 février, l'alarme était dans le département ; à Beaune, à Nuits, au relais des diligences, on entourait les voyageurs venant de Dijon, on les questionnait avec anxiété : l'ennemi méditait un nouveau coup de finance, et le préfet, avec une louable énergie, s'efforçait de le parer ou de l'adoucir. On parlait d'une capitation de 25 francs, de 50 francs par personne, ou tout au moins par électeur ; puis cela se réduisait à une contribution générale de plusieurs millions dont on devait frapper un département qui pendant trois mois avait nourri 30,000 Allemands ! Je ne sais ce que cela est devenu, si l'on a payé en numéraire ou en nature, et si les grands crus de la Bourgogne, comme le bruit en a couru, ont servi de garantie. Le moyen d'opposer à ce brigandage une résistance efficace ? Le génie de la rapine était couronné par la victoire.

À l'instant même où je montais en voiture pour quitter cette ville tant éprouvée, je venais d'apercevoir le chef de la seconde occupation, le général de Manteuffel, entouré d'un brillant état-major ; il allait de l'hôtel de la préfecture à la place d'armes pour y passer une grande revue, et, tout en marchant, il considérait le vieux Palais-des-Ducs avec une extrême attention. Était-ce convoitise ? était-ce curiosité ? Si pénible que fût pour moi ce dernier coup d'œil, il se mêlait pourtant à cette amertume un sentiment viril et consolant qui saisissait l'âme, au milieu de ses tristesses, pour la raffermir et la relever vers l'espérance. Un séjour de quatre mois en pleine invasion m'avait du moins permis d'observer de près et d'étudier le cœur du peuple envahi. Là j'avais vu, à côté du spectacle navrant de la domination étrangère, la vigueur morale d'une population qui, sous la menace de l'occupant, sous l'insulte du bonheur implacable de l'ennemi, n'avait cessé de protester contre les échecs d'une guerre dont la France était innocente, et qui, tout en se résignant aux pertes matérielles de la défaite, en rejetait avec horreur l'outrage immérité. Là aussi, pendant les cinq semaines où la liberté nous fut rendue, j'avais été, comme tant d'autres, le témoin ému du dévoûment de la vaillante jeunesse accourue de tous les pointe Au territoire pour nous défendre. Combien de fois, dans les revues et les défilés de cette armée inexpérimentée, mais brave, n'avais-je pas entendu ce cri arraché à l'orgueil des spectateurs : « ah ! si le temps ne nous manquait pas ! »Le temps, de tous nos alliés le plus indispensable, et celui qui nous a le plus cruellement trahis ! Partout sur la route, aux stations nombreuses que nous imposait un dernier caprice des Allemands, je retrouvais la conscience profonde de la nécessité d'une paix immédiate, comme aussi une protestation indignée contre la fatalité, qu'on sentait inexorable. Cette révolte généreuse des âmes, cette vigueur morale, latente et invincible sous des ruines dont le fardeau ne suffisait pas à l'opprimer, ce principe de vitalité qui se dégageait du milieu de nos désastres retrempé en quelque sorte par cet apparent affaiblissement, ce sont là des signes qui doivent nous faire attendre un avenir meilleur pour le pays.

CHARLES AUBERTIN.